Für

Heidemarie Hugler,

mit herzlichem Dank

für unermüdliches

Zuhören.

Ihre

Edith Ottschofski

LYRIK

EDITH OTTSCHOFSKI

Berlin im Juli 2018

Edith Ottschofski wurde in Temeswar im Banat/Rumänien geboren. 1990 reiste sie in die Bundesrepublik Deutschland aus und war zunächst als Dolmetscherin in Bayern tätig. Nach Freiburg und Paris kam sie 1995 nach Berlin, wo sie unter anderem als freie Journalistin und als Übersetzerin arbeitet. Sie veröffentlicht Features für den Rundfunk, Rezensionen, Artikel sowie Gedichte und Prosa. 2010 ist ihr Gedichtband *der schaum der wörter* im Johannis Reeg Verlag, Bamberg, erschienen. Zuletzt: Luftwurzeln, Roman, POP, Ludwigsburg 2016.

Ilse Hehn, deutsche Schriftstellerin und bildende Künstlerin. Vizepräsidentin des Internationalen Exil-P.E.N. Sektion deutschsprachige Länder. Geboren im Banat (Rumänien), studierte Ilse Hehn Bildende Kunst an der Universität West/ Temeswar und war bis zu ihrer Ausreise in die Bundesrepublik Deutschland 1992 als Gymnasiallehrerin für Kunst und Kunstgeschichte in Mediasch/ Siebenbürgen tätig. Lebt heute in Ulm. Dozentin für Kunst.

Edith Ottschofski

im wohlklang unverhohlen

Gedichte

Mit bildnerischen Arbeiten von Ilse Hehn

Ludwigsburg

Bibliografische Information der Deutschen Nationalbibliothek
Die Deutsche Nationalbibliothek verzeichnet diese Publikation in der Deutschen Nationalbibliografie; detaillierte bibliografische Daten sind im Internet über http://dnb.d-nb.de abrufbar.

Ludwigsburg: Pop, 2018
ISBN: 978-3-86356-198-7

1. Auflage 2018

Druck: Pressel, Remshalden
Umschlag: T. Pop
Titelbild: Ilse Hehn, *Auch die Orthographie ist ein Lebewesen,* Fernando Pessoa *„Das Buch der Unruhe", Tusche, 29 x 42*
Autorenfoto: Foto © Anke Jacob, www.anke-jacob.de
Verlag: Pop, Postfach 0190, 71601 Ludwigsburg
www.pop-verlag.com

Für Lou

incipit

unverhohlen

worte zurückholen
und aufscheinen lassen
im wohlklang unverhohlen

greinen und meinen
juchzen und schluchzen

fassen, unterlassen
umschreiben, ankreiden
unumwunden umrunden

streifen, begreifen
und suchen
nach dem richtigen ton

Ilse Hehn · *Das Wort ist vollständig, wenn es gesehen und gehört wird* ·
Fernando Pessoa · *Das Buch der Unruhe* · Übertragung von Georg Lind ·
selbstgeschöpftes Büttenpapier, 29 x 42cm

dieses kleine gedicht

es ginge verloren
wenn ich es nicht aufschriebe
zunächst das erste reizwort
dann der erste vers
daraus erwächst
die zweite zeile
die nächste
und ein hinhangeln
bis zum schluss
ob es ein gedicht ist
kann es nur
selber sagen

freimat

Für Heidi

madeleine

die warme wohlige wärme
vom kochtopf während
die suppe brodelt
in der eisigen küche
steht frau schmidt
und tranchiert
das hendl
das kind schaut ihr zu
wie sie das kalte fleisch
in stücke schneidet
die freundin unterdes
macht sich fein
für den kirchgang
sonntagfrüh
in temeswar

Ilse Hehn · *Die Götter bitt` ich nur, dass nichts zu bitten /*
sie mir vergönnen. Glück ist nur ein Joch
Fernando Pessoa ·
Fotografie mit Übermalung und Überschreibung · 29 x 42cm

zumute

heumatlich ward‘s mir zumute
in temeswareinmal
den leuten halt ich‘s zugute
den weiden, dem fluss so fahl

und mancher bekannten ecke
in die ich mich zuweilen verirrt
und tränenreich wiederentdecke
wie man seine kindheit verliert

heumatlich ist‘s mir zumute
im sperrigen berlin
dem kinde halt ich‘s zugute
den reben und tulpen, die welken dahin

ich habe

ich habe eine und noch eine
heumat. eine
wo ich mich verstecken konnte
in meiner sprache und eine
wo man mich daran erkennt

eine, die mir fremd geworden ist
und eine, mit der ich noch nicht
vertraut bin und so habe ich
eine und keine

eine
in der ich geboren bin
und wahrscheinlich eine
fürs grab

liegend

in der hängematte unter einem anderen nussbaum
in der fremde, in einem anderen haus
die eichhörnchen hüpfen aufs dach
die vögel zirpen im frühjahr
die nachbarn kennen einen vom sehn
das kind spielt im garten
die mutter fegt den hof
heimelig, trautfremd
wo jetzt mein zuhause ist

lenz

es zirpt und es zwitschert
es quakt und es zischt
es dämmert zum morgen
als choral bunt gemischt

das grün ist schön saftig
wird die sonne heut glühn
kommt ein regen, bringt segen
wird freude versprühn

es tuckert und puckert
mein flimmernd herz
die nacht hab durchwacht
ich, im mai, nicht im märz

Für Lou und Oskar Pastior

wo das heim und das aggregat sich anverwandeln

daheim, wo der flieder
blüht
wo mann und kind
warten
wo ich den bäcker um die ecke
kenne
und die nachbarn einen was
fragen

fremdes heim im anderen
land
wo die betonklötze an dustere zeiten
erinnern
wo mich jeder erkennt am fremdartigen
zungenschlag

freimat

Ilse Hehn · *und alles ist eine unheilbare Krankheit* ·
Fernando Pessoa · *Das Buch der Unruhe* · Mischtechnik, 33 x 27cm

muttersprache

auch verwirrt spricht meine
mutter noch mit dem
zungenschlag von daheim
ansonsten wird mir
die sprache aus dem koffer
zurechtgestutzt
selten red ich noch wie
zaus

die bahn

es rattert die bahn so vor sich hin
mit müden menschen am morgen
sie schweigen, sie flüstern, sie dösen darin
bedrückt von taufrischen sorgen

die bahn liefert emsig menschenfleisch
sie hält an und spuckt es stockend aus
in lichtenberg, ostkreuz erklingt's auf geheiß
nächste station … komm aus dem strudel heraus

musik

laut klingen die bässe
der nachbarin
dicht gedrängt sitzen wir
in der bahn
stieren ins leere, ein
arbeitstag fängt an
drehn uns im rad
der weißen maus

stadtein, stadtaus

lindenduft hängt in der luft
die spree schimmert dunkel im sonnenschein
vögel zwitschern im säulengang
unter den kastanien am dom falle ich in den tag hinein

bagger bohren sich ins nassbraune erdreich
studenten huschen noch schnell in die uni hinein
in der stadt, in der unentwegt gebaut wird
kehrt mählich der sommer ein

menschenmassen strömen in den bahnhof
hungrig und müde reihe ich mich ein
der zug fährt mich abends wieder ins grüne
stadtauswärts wandre ich auf einem bein*

* In Anlehnung an Herta Müller.

unter anderem

einen schritt setze ich vor den anderen
im düsteren morgengrauen
steige ich in die bahn
die fährt mich, wie alle anderen
in den moloch großstadt

ein wort tippe ich neben dem anderen
beflissen in das wundergerät
ein telefonat führe ich mit anderen
ein papier sortiere ich zwischen die anderen

einen schritt setze ich dann vor den anderen
beherzter – und fahre heim mit der bahn
dann empfängt mich das strahlen an der tür
und das ist jeden nachmittag
etwas anders

schritt für schritt

so schreite ich meinen weg ab
stadtbahn bringe mich nach haus
wort für wort
so webe ich das gebilde fort
buchstabe erzähl mir
von daheim
laut für laut
so lese ich mir die zeilen vor
heimweh im ohr

trivia

schiff[*]

und wenn das schiff durch die
nacht fährt, die dunkle
im regelmäßigen hauch der atemzüge...
liegt da das kind zwischen
dem mann und der frau
dreifach geborgenes glück
so gewiss wie der wind
der durch's fenster streicht
so zerbrechlich
wie reisig vielleicht
so lang wie die nacht
die sie versteckt
so kurz wie der morgen
der sie erschreckt
und ins leben weckt
so heilig wie die stille see
so süß wie der leichte tod
dreifach entschlafen
um hoffentlich aufzuwachen
in die sonne zu laufen
den anker zu lichten
ins leben zu flüchten

---

* Nach einer Zeitungsglosse, dessen/deren Autor/in mir entfallen ist.

gefährlicher gefährte

du, der du herumirrst
sperrig ist die stadt
die du erobern willst

bruder wahn hat dich
im würgegriff
frei für's verderben
grenzen liegen brach

in einer unerreichbaren welt
der guten und bösen
des gottes, der du bist
wer soll dich erlösen
vermeintlicher christ

fahr los, gefahr
geh auf die fährte

Ilse Hehn · *Existieren ist Reisen genug* ·
Fernando Pessoa · *Das Buch der Unruhe* · Tusche, 33 x 22 cm

jetzt

jetzt
ist der tag gekommen
an dem die funken blitzen
jetzt
kuschelst du dich in
deine wahnwelt ein
jetzt
willst du gott sein
oder wenigstens seine rechte hand
jetzt
schießen dich die russen tot
jetzt
o hybris
gibt es kein
beseligtes zurück

schattenspiel

ich fange deinen schatten
und verstecke mich darin
doch du rennst fort
und lässt mich in der
in der prallen sonne harren

komm mir wieder schattenmann
treib mir fort den wahn
leg dich fein
in meinen schatten hinein
und schlaf ein

die familie von nebenan

die bilderbuchfamilie von nebenan
in der bahn
weiß nichts von unserem leid
der papa drückt die tochter
umarmt den sohn

nebenan

mein liebchen

mein liebchen ist
so unberechenbar
was früher galt
ist heut nicht wahr

mein liebchen kreist
im hellen wahn
und wenn's nicht gestorben ist
dreht sich's fortan

mahlzeit

stampf die krumme
birne
putze fein den pfifferling
hebe unter die sahne
und iss
die bittere zwiebel
auf unserer
henkersmahlzeit

erkennen

deine haut schmeckt salzig vom langen streunen
deine küsse schmecken süß und rein
dein fleisch begehrlich vom vielen versäumen
in deine arme tauch ich ein

bist du’s nicht oder bist du’s wieder
finden wir zurück?
wir berühren unsere glieder
ver
rücktes glück

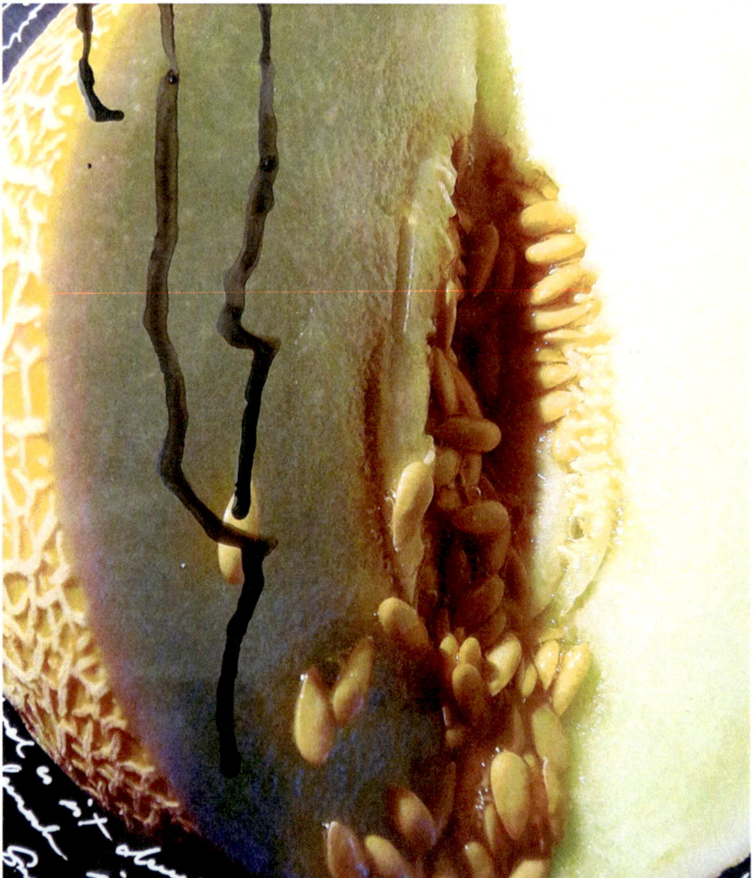

Ilse Hehn · *Meine Neugier – Schwester der Lerchen* ·
Fernando Pessoa · *Das Buch der Unruhe* ·
Fotografie mit Übermalung und Überschreibung · 29 x 42cm

dennoch

und es ist dennoch
ein schöner sommer
obwohl die traurigkeit obsiegt
die sonne glüht
die grillen zirpen nachts
der mann ist närrisch
krank die mutter
und es ist dennoch
ein schöner sommer

herbstlich

es knistert das schilf, es raschelt das blatt
die sonne scheint mild und herbstlich
ihr ist es fast so, als ob sie schritte gehört hat
aber nur ein kohlweißling verfliegt sich

der mann, er streunt im kiez umher
dieweil der baum voller nüsse hängt
die tage sind so seltsam leer
spärliche lebenszeit verschenkt

was macht mein mann

was macht mein mann, geliebter freund
nun komm ich noch zweimal
und dann nimmermehr

die nebenbuhlerin singt und spinnt
zuhaus die zähe lieb gerinnt

was macht mein freund, geliebter mann
nun komm ich noch einmal
und dann nimmermehr

das kind verträumt ins freie flieht
und weiß noch nicht wie ihm geschieht

was macht mein mann, was macht mein freund
nun komm ich noch diesmal
und dann nimmermehr

brot

nimm den laib brot
und mach drei kreuze drauf
schneid dir ab eine scheibe
und streiche butter auf
beiß ab ein stück
und kaue deinen bissen
schlucke runter dann

trink einen schluck milch dazu
beiß ab den nächsten
kaue dann das brot

kaue
schlucke runter
kaue

worte

liebe meines lebens
wie sieht’s mit dir aus
traummann, was machst du noch daraus
zuckrige worte
mit schalem geschmack
kleben auf der zunge
wie kalter lack

kritzeleien

kritzeleien ins heftchen aneinandergereiht
die seele von innen nach außen gekehrt
über die liebe und was sie entzweit
was uns stärkt und was uns versehrt

die sonne geht auf im hinterland
der wilde wahn ist mir noch im sinn
zauderndes sehnen gewinnt oberhand
doch das eis, das sich bildet, ist dünn

mein herzchen

mein herzchen spinnt herum
dadeldideldumm

mein herzchen irrt herum
sei’s drum

mein herzchen wünscht sich ein anderes leben
wie dumm

mein herzchen
mein schmerzchen

caramel

in der bäckerei *caramel* säß ich gern
bei einem köstlichen kuchen und kaffee
stattdessen fahre ich durch diese nasskranke stadt
die offene wundenlöcher und kräne in sich stecken hat

nächste station lichtenberg, ich fahre nach haus
und auch dort ist alles blutverschmiert
nicht offen, nicht sichtbar, aber unbeirrt
dieser wirre mann lässt nichts mehr aus

in der konditorei *caramel* säß ich gern
und paffte sorglos meine zigarette
das kind äße ein eis und mein mann hätte gern
eine karamelltorte, eine fette

in der bäckerei *caramel* bin ich ausgestiegen
an einem sonntag im februar
drin war es kahl und ungediegen
und nichts karamelliges zu finden war

ich habe

ich habe dich geliebt, aber ich habe es vergessen
irgendwann bist du ein andrer geworden
irgendwann waren wir verbunden gewesen
irgendwann, aber ich weiß nicht mehr wann

wir trotzen

wir trotzen den pfützen
wir trotzen dem regen
wir trotzen dem schicksal
zu zweit
so singt es mein kind
es ist ein segen
der vater ist weg
und wir trotzen
dem ungemach
ach

schreiben

schreiben ist ein versuch
schreiben mit der angst im bauch
schreiben mit dem halm
hoffnung im sinn
schreiben gegen
den täglichen wannesinn
schreiben, um sich
beisammen zu halten
schreiben, um
das unglück zu verwalten
schreiben, um nicht
aufzubrechen
schreiben, um sich
zu erinnern
an das brösel glück
erschreiben es
zurück

PS

nacht in oradea

eine kesse kurze hose hattest
du an
warst sehr zuvorkommend
und hilfsbereit
neckisch wolltest du dann
mit mir gehen

wie schön warst du
wieder lebendig

wenn ich nochmal nachhaus komme
verabreden wir uns wieder
in der nacht

Oradea, 2017

min seuten

min seuten seggt
moin moin min deern
min seuten vertellt doentjes gern
min seuten will mi’n seuten geven
villicht

stille nacht

hatte für mich diese stille nacht
bis zu dem ersten weihnachtstag
der pater sagte, leg die sorgen dein
all in die krippe zum kind hinein
doch holten die zähen
mich am heimweg wieder ein

und dennoch der abend war schön, wir sungen
die kranke mutter lächelte mir zu
das reichliche festmahl wurd dankbar verschlungen
nun herrscht im hause nächtliche ruh

christkind lass mich doch denken
dass es dich etwa gibt
dass du wirst frieden schenken
dem, der sich leidlich bemüht

der lebendige tod

da liegt er

da liegt er in dem kalten grab
unter erde und schlick
ein berg dazwischen und eine ganze welt
und doch ist’s nur eine straße weiter

der sweater

am stuhl verwaist hängt nun der sweater
der wind streicht durch die nussbaumblätter
die mutter tippelt ins haus gemächlich
im zimmer riecht es streng und süßlich

beschwerlich der gang, schlurfend der schritt
wie lange nur macht sie es noch mit
die toten bekannten, von jahr zu jahr mehr
und der gedanke ans ende geht einher

ein kuss noch, eine umarmung, ein liebes wort
dem kind geht sie entgegen vom hort
im lehnstuhl strickte sie für den enkelsohn
verwaist hängt nun der sweater schon

spital

das krankenhaus hat meine mutter verschluckt
die ärzte mit den spritzen und den schläuchen
nahmen sie in beschlag
ich warte davor, geduckt und bedrückt
was er wohl noch bringen wird
der nächste tag

meine mama kochte immer so gern
und fragte stets, hast du was gegessen
wenn man traurig war und kam von weither
haben wir beim mahl zusammengesessen

und nun kann sie selber nichts mehr behalten
siecht nur dahin wie der lebendige tod
hängt an geräten, die die schwestern verwalten
mama, schau her, ein weißes brot

Für Heinrich Böll

jahrbuch

im kalender schlägst du
den nächsten tag auf
die folgende woche
das kommende jahr
weiter und weiter, wie weit
greift die zuversicht, wie
ist der zug so pünktlich

blank

immer weiter entblößen sie deinen körper
immer weniger nimmst du mit
deine knoten, astherome, melanome
gefundenens fresserchen für das messerchen
weißer oder schwarzer krebs
geschwür auf der haut
zerschnipselt, seziert, analysiert
das brave basaliom
das nicht streut
noch einmal gerettet
die blanke haut

da liegt sie

da liegt sie zwischen den gestärkten laken
jene, die dich geboren hat
lallt wie ein altes kind von dies und jenem

da liegt sie und kann dir dennoch geben
einen bitteren rest
zuneigung und
die gewissheit
dass es zu ende geht

teller

von einem teller
essen wir eine
wassermelone
mama und ich

wie zaus
im anderen haus
nur dass ich jetzt
sie ihr reiche

wenn ins gras ich beiße

und wenn ich dahinscheide
werd ich mir die roten radieschen von unten ansehn
um friedlich von dannen zu gehen
nicht ohne vorher die letzte kurve zu kratzen
und den löffel abzugeben
nach diesem leben

dann will ich nach dem abnippeln
einen holzpyjama anziehn
und zum teufel fliehn
oder vor den schöpfer treten
zu asche werden und still
das zeitliche segnen
hoffentlich wird's dabei nicht regnen
wenn ich mir den letzten sanktus abhole
vor die hunde gehe
oder nur über die wupper
wenn ich gar den jordan überschreite
hauche ich meine seele aus
und mache mir den garaus

dann hüpfe ich über die schwelle
oder am besten springe ich
über die klinge
und tue meinen letzten atemzug
und damit wohl
genug

haidihai*

şi când trag să mor
voi porni pe ultimul drum
cum
călare, sau pe picioare
voi da ortul popii, voi dispărea
sau voi deveni oale şi ulcele
m-oi risipi în zare
mă voi consuma ca o lumânare
sau voi trece somptuos întru Domnul
voi mai scăpăta un pic
sau m-oi duce tiptil, chitic
singur cuc
mă voi prăpădi sau crap
ca o lebedă pe lac
sau mă sting liniştit
plecându-mi pleoapele
şi închizând un ochi veştejit
în orice caz o să expir
o să-mi dau utima suflare
sau chiar tot duhul
cum
în ziua mare
voios
sau pe-nserare
fără de folos

---

* Vgl. Lied von Doru Stănculescu.

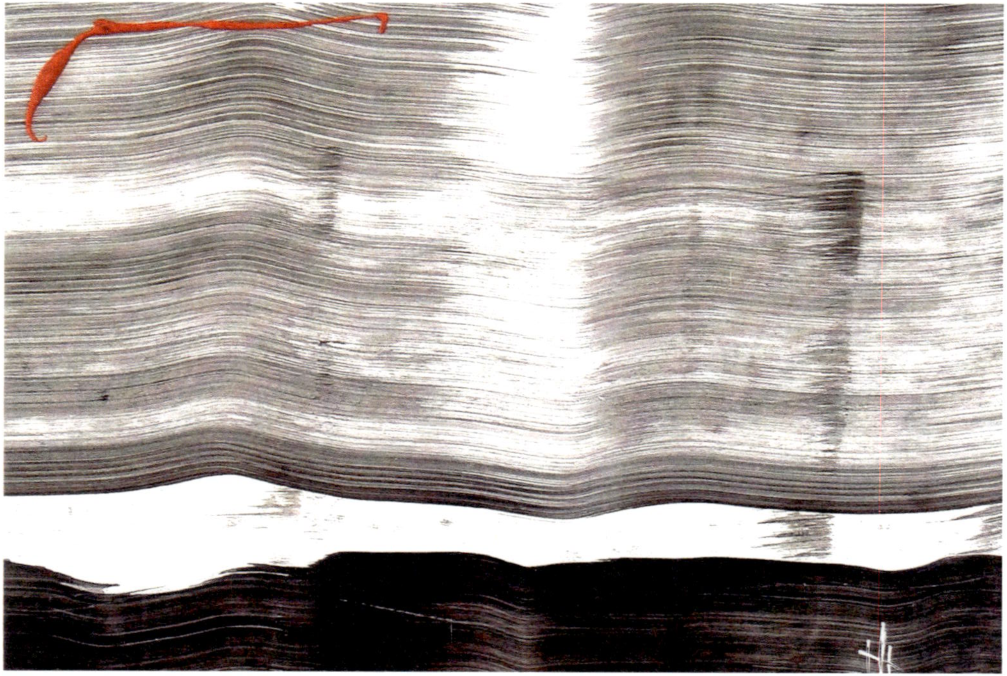

Ilse Hehn · *Wer Liebe gibt, verliert Liebe* ·
Fernando Pessoa · *Das Buch der Unruhe* · Tusche, 33 x 27cm

Für Nada

mulhacén

heut ging die sonne unter
ohne dein lächeln
geballt hast du die fäuste
in der eisigen nacht
und wir träumten
während du einschliefst
einsam im schnee

*

komm wieder
in einer anderen nacht
wenn ich einnicke
und gib mir die hand
wenn du mich anlächelst

weile

die zeit ist wie ein wasserstrahl
wie ein sack mit weilen
die weile ist wie ein verstopftes rohr
nur die, die man hat

die weile ist wie ein nadelöhr
nur dort, wo es einen verschlagen hat

die weile ist wie ein sackleinen
in das man sich hüllt, nackt
bevor man merkt
dass sie einen
zurückgelassen hat

die zeit ist der fluss
der uns ausspuckt

fernweh

verborgene see

möwen im tiefflug
klatschen auf den wellenkamm
fähre legt an
die pflöcke am hafen
dornbusch mit leuchtturm
muschel und kieselstein
einzelner ginster blüht
zu ostern – easter – de paşti
pâques – hidden sea
sandwasser meersand
sanddornsaft im hafenbistro
le port – le voici – rimbaud
enddorn

Hiddensee, 2001

Für Uli

glücksburg

in der förde ist wenig tide
dabei riecht es nach meer
der sandstrand halbleer
die steine bröselig
die wellen hoch
das wasser eiskalt
die segelbote schnell
die fock im wind
muschelsammelnd das kind
die uferpromenade lang
und so ein gefühl
von urlaub

Goldebek, 2013

Für Carola

rømø

der wind pfeift mir um die ohren
die sonne schimmert in der see
das kind
zehn jahre
lässt den drachen steigen
baut die burg aus sand
hüpft über die schaumkronen
isst ein würfeleis im anderen land
und wächst
unaufhaltsam
gnadenreich
wie die zeit
die uns geschenkt ward
zergeht

Goldebek, 2013

alicante

die kinder baden im herbstmeer
die wellen gemächlich rauschen
geruhsame friedvolle einkehr
der sanduhr beim rieseln lauschen

ein fleckchen erde ganz weit weg von daheim
mit sonnenschein, wasser und strand
ein atemholen im fortsein
und grübeln im fremden land

die boote schwimmen im wasser
menschen spazieren im sand
der wind weht in den palmen
ferien am meeresrand

Alicante, 2013

dämmerung

die fischer stehen an der mole
und werfen ihre angeln ins meer
hinterm burgberg im fjord
geht die sonne unter
rötlich schimmern die wolken
abendrot

abendbrot
wartet zu hause
noch ein bisschen die füße
ins meer eintauchen
über die wellen hüpfen
spazieren
flanieren

und einkehren
ins provisorische heim
der tag geht zu ende
erkaufter frieden
im anderen land
genieß ihn behände

Alicante, 2013

unterwegs

er hebt das blaue schild hoch
und steht stramm
der bahnhofsvorsteher in utvinişul nou
und so kann
der personenzug weitertuckeln
in arad wechselte man die lok

in vier stunden schafft er es
von temeswar nach großwardein
über winga und orzidorf
vinga und orţişoara
neuarad und aradul nou

wir essen kaletten und
gekochten schinken
ostereier und grisine
knabberzeugs
zimandu nou und seminţe de floarea soarelui
sonne im kern
nădab und sanktanna
unterwegs durch die banater heide

Banat, 2017

aus der zeit gefallen

die ţărăncuţă mit batic
bauersfrau mit kopftuch
und einem telefon inteligent
aus der zeit gefallen
die kuchen in der traistă
organisierend, wer sie am busbahnhof erwartet

in vier stunden vom herrschaftlichen großwardein
nach sighetu marmaţiei
durch die dörfer
durch die wälder
in einem undichten microbuz
mit lalăila und ţîrlaiţa
überlandfahrt in siebenbürgen

2017

pastiches

Für Oskar Pastior

abklatsch misst wegbereiter

neunzehnhundert / siebenundneunzig
berlin in temeswareinmal
muss i dünn / muss i denn
makulastur / hindurch

krunk / nicht krunk
o geboren / o sei auf der hut
reden / nicht palavern
mitgegangen / schrein

schub / nicht geschoben
hub / nicht verhoben
klinisch / vor die hund
kantilene / schund

weiser zug / zugzwang
ballast / erinnerung
fantastereigenreise
hier /dort

Für Horst Fassel und Oskar Pastior

wenn

wenn man was nicht sagen
kann so wie's es gibt
so nicht nennen weil
es so oft durchgesiebt

nicht auf diese weise
weil es die schon gibt
die es so nicht gäbe
und nicht anders gibt

nicht auf diese weise
nicht in diesem sinn
weil die wörter wankeln
schlagen aufs gemüt

wenn es viel nicht gäbe
und es viel nicht gibt
sei man dem nicht unhold
der da tiefsinn trieb

Für Rolf Bossert

wir ruhen

hautnah erzittert dein bauch
schwül drückt im zimmer die luft
über der asche in der gruft
hängen wir bald schon als rauch

Für Bertolt Brecht

leidenslied

als du nachher von mir gingst
an dem trüben heute
sahst du, als du sehn anfingst
lauter kauzige leute

und seit jener morgenstund
weißt schon, die ich meine
hab ich einen vergrämten mund
und geknickte beine

grauer ist, seit ich so fühl
baum und strauch und wiese
und die träne salzig kühl
wenn sie sich ergieße

Für Erich Fried

was ist

was ist unsinn
sagt die vernunft
was kann die liebe
was ist unglück
sagt die berechnung
was ist schmerz
sagt die angst
was ist aussichtslos
sagt die einsicht
was soll die liebe
was ist lächerlich
sagt der stolz
was ist leichtsinnig
sagt die vorsicht
was ist unmöglich
sagt die erfahrung
was muss die liebe

Für Anemone Latzina

komm

komm, geliebter, lass dich versäumen
sieh, die liebe hängt in den bäumen
unsre zeit ist längst vorbei

komm, verschmähter, lass dich belügen
sieh, wie sich die balken biegen
und wir sind endlich entzwei

komm, verhasster, lass dich lenken
sieh, ich will dir fersengeld schenken
schon bist du mir einerlei

Ilse Hehn · *Welche Farbe wohl das Fühlen hat?*
Fernando Pessoa · *Das Buch der Unruhe* ·
Fotografie mit Übermalung und Überschreibung, 29 x 42cm

Für Franz Hodjak

alltagsalandala

täglich trink ich
mit meinem geheimen spaß
etliche flaschen quellwasser

meine tochter fragt mich immer wieder
wie lautet
die mehrzahl von holofernes widerpart judith

mama antwort ich ihr vor dem zurschulegehn
wie schön

Für Werner Söllner

fado

und als ich gestern heulte
war ich so unsagbar down
und in der s-bahn war'n leute
die mussten es mit anschaun

an den bäumen die blätter
und an den gedanken die haut
in berlin hat das wetter
mir den frohsinn versaut

einen mundvoll ingrimm
spuckte ich in die spree
und an den gräbern der gebrüder grimm
zerkaute ich einen vierblättrigen klee

Für Herta Müller

liebe herta

wenn ich dich einmal treffe
schlag ich dir eine bresche
ich dreh mich im wind-soufflé
und frage etwas vage

Für Marius Koity

mit titel

in dir der stift
vor dir das wort

Für Anemone Latzina

mittlere bilanz

der herbst versenkt seine blätter im teich
bald fällt schnee darauf, weich
ich bin jetzt 53 jahre alt
unheimlich scheint mir der vorbehalt
der freund hat mein vertrauen verloren
hat es achtlos in den schmutz gezogen
und ich soll den stand der dinge loben?
ich weiß, ich muss es überwinden
muss mich gewöhnen an lüge, mich abfinden
die gesellschaft kommt wunderbar ohne mich aus
wie das kartenhaus ohne mensch
doch der mensch ohne kartenhaus?
ich höre vom kapitalismus mit sozialverträglichem gesicht
ich höre vom frieden
jedoch sehe ich ihn nicht
wird der mensch je des menschen mensch sein?
ich bin nicht mehr klein
mein herz ist nicht rein
wer soll drin wohnen?

Für Ernst Jandl

oder wer

ich bin nicht gerne, wer ich bin
ich wäre nicht gerne, wer ich nicht bin
ach, wäre ich gerne, wer ich nicht bin
wäre vielleicht ich lieber, wer ich bin

Für Veiko und für Robert Gernhardt

wohl nie

ich werde wohl nie ein berühmter regisseur
werde wohl nie nach china jetten
werde wohl nie, welch ein malheur
mich im central park zum rendez-vous verspäten

ich bekomme wohl nicht noch ein weiteres kind
und auch keinen preis für dieses gedicht
doch wenn ich's mir überlege, ei geschwind
so wichtig war's wohl nicht

der lebendige tod

fernweh

pastiches

finis

s